La Bibliothèque des Humanités

LE SON DES AMOURS CÉLESTES

ELIAS

BH

Copyrights © Abdelaziz Lahlou, 2024.

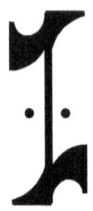

PROLOGUE

Je sais que le son de mes idées est un tonnerre.
J'aime la tempête.

LIVRE 1

JE T'AIME...

CHAPITRE 1

NE ME JUGE PAS.

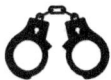

Je refuse que le son de mes testicules soit un chuintement, discret. Je veux chuinter comme le tonnerre, je veux péter. Je veux tout péter et je veux que le vent de mes humeurs soit un cri terrible.

Je suis assis sur un tas de merde.

Je suis assis.

Mes testicules sont serrées. Pleines. Elles chuintent. Elles débordent.

J'ai tellement envie d'elle que mes testicules débordent.
Je n'aime pas les chuintements.

J'aime le tonnerre.

CHAPITRE 2

ATTACHE-MOI.

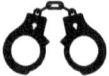

Je ne suis pas du genre à fantasmer.
J'aime pas que mes testicules débordent de chuintements.
Je préfère que les idées de sexe soient un peu discrètes.

J'aime que mes poignets soient attachés, que ma bite soit un peu molle et qu'elle devienne dure entre les mains de ma folie. J'aime le sexe qui se développe comme un fantasme inattendu. Les poignets, les couilles, les mains. J'aime que mes couilles soient bien en mains. Bien humides. J'aime que mes couilles soient humides.

Mes fantasmes sont des idées de l'humidité d'une femme.

CHAPITRE 3

APRÈS TOUT...

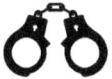

J uge-moi si tu veux.
M'en fous.
M'en fous pas, mais je ferais comme si je m'en foutais.

Peut-être que cela pourrait être un jeu.
Tu me juges.
Je plaide coupable.

Tu m'attaches.
Tu me...

Il m'arrive de me dire que je suis un peu cinglé, que mes goûts sont un peu tordus, des sortes de karma mais ces pensées obscènes ne durent jamais longtemps. L'obscénité est bien de culpabiliser pour des plaisirs qui ne sont ni mal ni bien. Juste des plaisirs. Je n'ai pas de sadisme en moi, par plus que du masochisme.

Je veux simplement livrer toute ma confiance à la femme que j'aime. Je veux la voir l'utiliser, cette confiance, pour notre plus grand plaisir. Je veux la voir en jouir et je veux la pénétrer avec toute la confiance qu'elle me donne, lorsqu'elle me tourne le dos, qu'elle me livre son cul, ses profondeurs, ses soupirs. Lorsqu'elle accepte que je la chevauche.

Les sadiques sont les abrutis qui jouissent du mal qu'ils font. Je ne fais jamais de mal.
J'aime.

CHAPITRE 4

ELLE AIME.

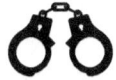

Elle est assise et le filet de sa jouissance s'écoule. Elle est très excitée.
Elle me regarde avec une intensité, qui me fait chuinter.

CHAPITRE 5

CE SERAIT JUSTE.

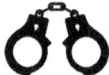

Je la regarde s'habiller et il me semble que le sentiment le plus érotique qui soit m'amène à lui toucher les seins, à les envelopper dans la paume de ma main et à les alléger du poids de leur gravité. Je l'embrasse.

Elle m'allège les couilles.

CHAPITRE 6

JEUX D'EAU.

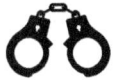

L e confort d'une baignoire, l'eau chaude et l'humidité.
Elle repose sur mon corps.
Nous sommes un peu à l'étroit.
C'est confortable.

Je lui caresse les bras.
Je lui raconte une de mes histoires.

« Les douleurs et les peines.
Les sons de la pensée et les sons des corps.
Un hymne à l'hymen. Une déchirure.
J'ai toujours pensé que le premier rapport d'une femme devait être une épreuve, un moment où la pénétration devient une déchirure entre le passé, et l'amour. Ma première fois a été brutale.
L'intimité était telle que j'en ai tremblé. »

★ Ma première fois a été un désastre.
★ Je ne m'en souviens pas réellement.
Elle me prend les couilles.

Elle me prend le pénis, le glisse entre ses cuisses… contre sa vulve, le caresse, et commence à me masturber.
- ★ Le seul souvenir que je veux garder, c'est notre première fois.
- ★ C'est la seule fois où j'ai joui d'une pénétration.
- ★ J'étais tellement heureuse…
- ★ Je ne pense pas que tu puisses comprendre.
- ➡ Dis-moi.
- ➡ S'il te plait.
- ★ …
- ★ J'ai joui d'amour.
- ★ Ce n'était pas le sexe.
- ★ J'ai joui parce que tu me faisais l'amour.

Je jouis.
Elle se cambre et étale mon sperme sur son clitoris. Sur ses lèvres.
Le son de son plaisir est un tel bonheur qu'elle me tire des larmes. Elle gémit doucement, ses lèvres murmurent à mes oreilles. Je le vis comme une allégorie.
Je m'occupe d'elle.

CHAPITRE 7

LISE.

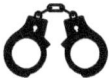

Je dois dire qu'elle est mieux.
Elle peut sortir seule.
Pas très longtemps, mais elle prend plaisir à aller faire les courses.

Il m'arrive encore de penser au cerveau comme à une partition, dont il faut jouer. La partition serait écrite dans une langue que seul le temps maitrise complètement mais j'aime à penser que j'apprends. Encore. À aider.

Je suis Adam.

LIVRE 2

JE ME FOUS DE TOUT, SAUF DE TOI.

CHAPITRE 1

C'EST VRAI.

Je pourrais vous dire que ma vie, mon travail, et ma santé ne sont qu'une promesse que je m'évertue de tenir, mais ce serait une évidence.

Je ne vis que pour elle.

Le sexe serait une thérapie mais en vérité la seule thérapie qui vaille, c'est l'amour.

Je l'aime comme un soin aimerait la santé.
La seule raison qui me tient éveillé, c'est elle.

CHAPITRE 2

LES SOINS.

Ses seins me couvrent le visage.
Ses hanches sont entre mes mains. Je glisse doucement et je pénètre son anus avec deux doigts. Elle gémit.

Son coeur accélère.

Elle m'embrasse, me lèche les lèvres et me pénètre la bouche de sa langue.

Elle se soulève lentement, sort mon pénis de son vagin et me place.
Je la pénètre, au plus profond de ses plaisirs, mais peut-être…, peut-être est-ce autre chose, peut-être que l'acte de la sodomie est bien plus qu'un acte sexuel.

Elle jouit.
Avant moi.

Elle veut beaucoup.
Je ressens sa volonté.
Elle est palpable.

Je caresse ses seins, je l'embrasse et je saisis ses fesses. Doucement, je pénètre plus profondément.

CHAPITRE 3

L'INTIMITÉ.

Je crois que le temps a été généreux.
J'ai les yeux fermés et le sentiment d'un bonheur doux, tendre…, me perturbe.
Une tension émerge.
Je dois me concentrer.

Il y a bien sûr des relents de mon histoire qui me terrassent dans ces moments où la générosité devient « trop ». Des relents qui me rappellent que la vie n'a pas été si tendre, et qu'il faudrait s'attendre… à des coups. La tension pourtant passe.
J'ai appris.

J'ai appris à me concentrer.
Dans ces moments, je me concentre sur mes accomplissements, sur mes succès. Sur les efforts et sur le plaisir d'avoir tout donner. J'ai tout donné.

Il me serait impossible de donner plus.
J'ai déjà tout donné.
Je m'endors.

CHAPITRE 4

L'AMOUR.

« Je ne pense pas que l'amour soit une plaisanterie, mais je dois te dire que je renonce à aimer les illusions, pour préférer mes fantasmes. »

« Je ne fantasme que ce qui est désirable. »

« Pourtant il semblerait que tu surpasses le désir. »

CHAPITRE 5

TU VERRAS.

J'ai connu des illusions qui ont prétendu que l'amour était un paradigme. Une sorte de théorie.

J'ai même entendu une illusion me dire que j'étais un modèle.

Un homme modèle, de ceux qu'on aime aimer.

Cette illusion m'a quitté sur une désillusion.

CHAPITRE 6

JE DIS.

Quoi que j'en dise, l'illusion d'un amour ne survit jamais à la vérité.
J'en ai fait l'expérience plusieurs fois.

Entrer dans une relation dans l'idée que l'amour pourrait être une solution à la solitude est une illusion.
Une relation n'est jamais une solution à la solitude.
J'en ai fait l'expérience.

J'ai été seul, dans une relation et je dois dire que la solitude à deux est bien plus difficile que seul.

J'ai été seul après une rupture absurde, pendant longtemps et je dois dire que pendant longtemps, j'ai été seul. À lutter.
Pour survivre.

Je crois sincèrement que si j'avais rencontré Lise avant « ma transcendance », je n'aurais pas su comment l'aimer.

Peut-être que la solitude a du bon. Peut-être.

CHAPITRE 7

UNE IDÉE.

Combien de fois ai-je exigé de moi-même un peu de paix, sans y arriver. Combien de fois la paix a-t'elle été rejetée pour accepter que mon travail subvienne à mes besoins.

Peut-être que si j'accepte que la paix et le travail sont une seule et même chose…

Peut-être que je dois accepter toutes les formes de travail et qu'il serait possible de définir ma vie dans une tendresse qui donnerait du sens à la paix.

CHAPITRE 8

MON TRAVAIL.

Je pourrais affirmer que mon travail est d'aider, mais je sais que le narcissisme ne supporte pas l'aide.
Aider est une destruction.

Je n'aide pas.
Je soigne.

CHAPITRE 9

LES CONSÉQUENCES.

S i j'écris que le siège des maux du monde repose sur le besoin de vivre les dangers de l'extinction, vous me prendriez pour un fou.
Si j'écris que chacun a besoin d'éprouver son existence, vous comprendriez que je suis sage. Les deux affirmations sont pourtant identiques.

CHAPITRE 10

LE PLAISIR...

Je pourrais définir le plaisir comme un besoin d'être sage, tout comme je reconnaîtrais que la sagesse est un besoin de folie.

CHAPITRE 11

CONUNDRUM.

Les mystères de la psyché sont des énigmes que les noeuds envient.

Si un noeud gordien est un problème à solution radicale, j'avoue que parfois la radicalité d'une discussion est la seule solution aux noeuds d'un trauma.

Je traite ma patiente. Je cherche les angles radicaux.
« Elle est née sous le signe des traumas.
Ses histoires me glace le sang pourtant elle en parle avec détachement, détachée d'elle-même.
Elle est dissociée.
La dissociation est grave.
Peut-être très grave.
Et peut-être dangereuse. »

« Je dois agir avec prudence. Elle peut facilement développer une obsession à mon égard. Si je la harcèle. Du moins si elle le perçoit comme tel. »

« L'internement n'est jamais une solution.

Si je la fais interner, elle va colapser, complètement. Peut-être perdre toute humanité. Perdre le contact avec la réalité n'est jamais une solution pour ceux qui sont encore fonctionnels. »

« J'ai deux options. La première est de la confronter à son état et de tirer d'elle les contrastes. Tirer d'elle les contradictions. C'est dangereux. Le détachement est un signe de psychopathie. Elle peut très facilement devenir malveillante, violente ou manipulatrice. Peut-être les trois en même temps. »

« C'est une option difficile. Une option qui nécessite de prendre des risques. Je la refuse. »

« La deuxième option est d'être proche, de la soutenir. De la laisser faire le chemin et de reconnaitre d'elle-même les détachements. D'accepter d'elle-même que les détachements sont des paradoxes qui l'empêchent de faire le deuil de son passé. Le temps. La deuxième option est le temps. »

« Je n'aime pas qu'une patiente devienne accro à la psychothérapie. L'option me semble difficile pour elle, et je sais, sans aucun doute, qu'une patiente qui reste en psychothérapie trop longtemps développe des symptômes d'accoutumance. Elle commence à penser que son équilibre dépend de cette séance et qu'il faut continuer. Les cas de dissociation, cependant, sont les cas les plus graves.
Les plus graves.
Ce sont les cas les plus dangereux. »

CHAPITRE 12

ÉPROUVER.

Elle est assise les jambes repliées sous la chaise, les mains croisées sur ses genoux. Elle se met en position volontaire. Elle présente un visage ouvert, innocent presque naïf.

« Comment allez-vous ? »

- ❖ Je vais bien merci.
- ❖ …
- ❖ Les crises de panique sont moins fortes.
- ❖ J'ai été très heureuse hier, mon compagnon m'a…
- ❖ …

Elle ment.

- ❖ J'ai été très heureuse.
- ❖ J'ai pensé à beaucoup de choses.

Son visage change.
Me fixe. Elle me dévisage.
Me défie.

Je baisse les yeux, entrer en conflit ne sert à rien.
Je lui souris.

« Je considère que penser à des choses positives est toujours une bonne affaire. À quoi avez-vous penser ? »

- ❖ J'ai pensé à cette séance.

« ... »

- ❖ J'ai pensé que le plaisir de discuter est une bonne chose.

« ... »
« Je pense que discuter est une ouverture sur la vérité. »
« Je pense qu'une discussion est toujours un besoin de vérifier, que nous sommes dans la vérité. »
« Autrement la discussion est inutile. »

- ❖ ...
- ❖ Vous croyez que la vérité est utile ?

« Vous ne pensez pas ? »

- ❖ Je pense que la vérité est un précipice.
- ❖ Mais j'espère…
- ❖ …

Elle change de nouveau.
- ❖ J'espère…
- ❖ J'ai pensé que la séance me permettrait d'aborder un sujet.

« Oui. Bien sûr.
Quel sujet ? »

❖ Celui du sexe.

Elle me dévisage.
Fixement.
« Pourquoi pensez-vous que les crises de panique arrivent ? »

❖ Parce que je ne nique pas.

« … »
« Bien. Je ne tiens pas à jouer.
Si vous voulez parler de ce qui vous trouble, de ce qui vous touche, je peux prolonger cette séance. Autrement, je vous invite à prendre votre veste et à partir. »

Je me répète, encore une fois, que l'intelligence désinhibée est le pire des dangers. Je la vois peser les défis, peser les gestes et je vois en elle le mal qui pèse ses options. Je me dis qu'elle va choisir de prolonger et… qu'une décision est prise.

❖ Je ne cherche pas…
❖ Le sexe est un problème pour moi.
❖ Il l'a toujours été.
❖ …
❖ J'ai eu des…
❖ J'ai eu un seul homme dans ma vie.

CHAPITRE 13

HARCÈLEMENT.

Il est une pathologie que les psychiatres craignent par dessus tout.

Lorsqu'un ou une patiente amène dans la pratique ses troubles sexuels, des troubles de l'ouverture, il arrive très couramment que le transfert amène le patient à éprouver.

Le ou la patiente veut éprouver ses sentiments, tester ses progrès et il arrive souvent que le transfert soit complet chez les patients qui n'ont jamais connu l'intimité.
Les progrès et les échecs, les reculs, sont associés au thérapeute et le patient éprouve le sentiment absurde du harcèlement.
Tous ses sentiments sont associés au thérapeute.

Il arrive parfois que ces patients, qui parmi tous ont le plus besoin de soins, éprouvent le sentiment psychotique d'un amour paradoxal, un amour haineux dont il faut absolument éliminer toute possibilité, dès les premiers signes.

CHAPITRE 14

MENSONGES.

- ❖ J'ai eu un seul homme dans ma vie.
- ❖ Notre relation a duré presque 10 ans.
- ❖ Peut-être un peu plus.
- ❖ Que 10 ans.
- ❖ …
- ❖ J'étais vierge.

- ❖ Je me suis dépucelée moi-même.
- ❖ J'ai brisé mon hymen moi-même, mais j'étais vierge.
- ❖ Et sèche.
- ❖ Il a eu du mal à entrer.

- ❖ J'ai décidé de déchirer mon hymen seule.
- ❖ J'avais 29 ans.
- ❖ Je n'ai que peu saigné.

- ❖ J'ai utilisé un gode. Fin.
- ❖ Je l'ai nettoyé et lubrifié.
- ❖ …

Elle ment.

❖ Je n'avais jamais eu de sexe avant.

Elle ment.

LIVRE 3

PATIENCE.

CHAPITRE 1

ELLE SAIT…

Elle sait que je sais.
Elle sait que ses mensonges sont perçus.
Elle en a besoin quand même.

CHAPITRE 2

SÉANCE 8.

Les séances durent souvent près de deux heures, parfois sans interruption.
Elle parle.
Elle me parle de tout ce qui lui vient.
Parfois dans des chocs qui me laissent tétanisé.

- ❖ Je n'ai pas connu mon père.
- ❖ Je n'ai pas connu mon père.
- ❖ J'ai connu un monstre. Une bite. Une grosse bite dure qui pleure et qui me supplie de la consoler.
- ❖ C'est comme ça qu'il m'a amené à le sucer.
- ❖ Il m'a dit que sa bite avait mal et qu'il fallait lui faire un bisou.
- ❖ J'avais 9 ans. Sûrement la chatte trop serrée, pour qu'il me viole. Sûrement trop serrée. Trop petite. Ma chatte.
- ❖ J'ai sucé.
- ❖ Ma bouche.
- ❖ Trop petite.
- ❖ Alors, il me pisse dessus.
- ❖ Puis se branle.

Elle ne pleure pas.
Son expression est vide.

CHAPITRE 3

. . .

- Je ne me souviens pas de tout. Parfois je me réveille en sueur, je vomis. Je me recouche sans avoir eu conscience d'avoir vomi, par terre.
- Je me réveille dans des odeurs abominables. Des traces de vomis sur mon corps, sur mon lit. Je hurle de peur.
- Dans ma tête.

- J'ai peur de vous parler de ce que j'ai réellement envie de faire, mais je pense que vous le savez.

« Oui. »

« Je suis là. »

« Vous pouvez m'appeler quand vous voulez. De jour, de nuit. »

« Il y a des solutions pour vous aider et si vous voulez, je peux vous en parler. »

- Oui.

- ❖ Merci.
- ❖ …
- ❖ Je ne pense pas que je peux encore tenir.

Enfin.

- ❖ J'ai l'impression que mon corps va lâcher à tout moment.
- ❖ Le trajet pour venir vous voir a été un cauchemar.
- ❖ …
- ❖ Je ne sais pas comment je vais pouvoir rentrer.

Elle pleure.
Je pleure.

Je la prends dans mes bras.
Pendant plus d'une heure.

Je la raccompagne, me dis-je, mais je sais qu'elle ne rentrera pas chez elle. Elle va être interner. Elle ne pourra plus. Fonctionner.

CHAPITRE 4

JE SAIS.

Je pourrais vous dire qu'elle va s'en sortir, mais ce serait un mensonge. Elle est détruite. Foutue. Déglinguée, martyrisée, brisée… morte.

…
Le contrecoup.
J'encaisse.

Les larmes.
Les sanglots.

Je l'ai déposée au… mieux.
Elle est entre de bonnes mains.
Les semaines à venir sont déterminantes et il lui faut une médication, de la surveillance et beaucoup beaucoup de patience.

Je suis son médecin traitant. Je prescris. Je suis.
Je passe la voir tous les jours.
Tous les jours.

L'internement n'est qu'une mesure volontaire pour être gardée de gestes que la solitude, le manque d'attention et le rejet favorisent.

Il faut pouvoir gérer la somatisation.
Les renvois, les spasmes, les terreurs nocturnes et les décharges d'adrénaline, qui sont très dangereuses.
Les neuroleptiques.

Je suis patient.

Elle s'en sortira.
Je le jure.

LIVRE 4

PUTAIN D'ENCULÉS…

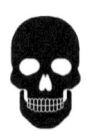

CHAPITRE 1

ENCORE.

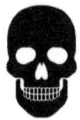

Il m'arrive d'entrer dans des rages que je n'arrive pas à éteindre. Je dois sortir, m'habiller légèrement et espérer que le froid me prenne.

J'essaie de me refroidir.

Il m'arrive, encore, de vouloir prendre des mesures... de vouloir...

CHAPITRE 2

TROP.

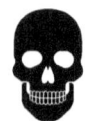

Il y a trop de patients.
Trop de traumas.
Ce n'est pas admissible.

Ce n'est pas acceptable.

Il m'arrive de hurler, de douleur.
Puis de prendre des mesures.

Je soulève des poids.
Je cuisine. Je m'occupe de ma compagne.
Je pense à des idées.

Je me cultive.

LIVRE 5

DANGER.

CHAPITRE 1

LES HEURES.

Je ne peux pas dire à quel point le sens de mes rotations est important. Je tourne avec le temps.
Je ne cherche jamais à m'opposer au temps. Jamais.

Ma patiente demande à me voir. Elle en a besoin. J'annule tout ce qui est prévu, je prends mon dossier et mes baskets. Je file. Le coeur serré. J'arrive à l'hôpital le sang bouillant, les larmes aux yeux. Je me demande si j'arriverai à la convaincre de patienter.

❖ J'étouffe. J'étouffe…, les murs se resserrent. Je vais crever. Je ne respire plus.

« … »

❖ J'aimerais sortir.

« Bien, habille-toi. »

❖ Je m'habille ?

❖ Je peux sortir ?

« Oui. »

❖ Je vais où ?

« On va aller marcher. »
« On va dans une librairie. »
« Il y en a une à dix minutes. »

❖ ...
❖ Une librairie ?

« Oui. »

❖ Je ne sais pas si je peux marcher 10 minutes.
❖ ...

« On va marcher deux minutes. »
« J'irai t'acheter deux livres. »
« Après. »

❖ ...
❖ ...

« Mets juste une petite laine. »
« Les... »
Elle pleure.
Je la prends dans mes bras.
Elle pleure doucement.
C'est un grand progrès.

CHAPITRE 2

RÉCIPROQUEMENT.

Honnêtement, j'apprécie ces visites. Elles sont difficiles, me coûtent personnellement, mais elles me font aussi du bien. Je peux voir ma patiente.

Honnêtement, je ne vais pas bien.

…

CHAPITRE 3

APRÈS-DEMAIN.

Il n'y a pas de recettes miracles.
Il n'y a rien qui puisse… m'aider. Me soulager. Le poids reste.
Demain est déjà une idée du temps.
Demain.

Demain, je serai un peu mieux et il est bien clair qu'après-demain, j'irai encore mieux.
Je sors de l'hôpital.

Je vais… dans une libraire, à 10 minutes. J'ai le souffle court et le coeur…
Je me sens très mal.
Je fais une crise de panique.

Je me précipite dans le hall, je cherche les toilettes.
J'ai le coeur serré, les intestins en rébellion et je vais dégueuler mes tripes.

Je dégueule.

CHAPITRE 4

JE VAIS…

Les tripes à l'air, je respire un bon coup.
…
Ça va mieux.

Je sors des toilettes.
Je m'assois sur un banc.

Je vais y rester pendant les deux heures qui viennent. J'ai déjà connu ce genre de crise et les aftermaths sont difficiles. Je vais avoir plusieurs répliques.

Je ne peux rien manger.
Je prie pour ne pas trembler.

Je pense à appeler Lise.
Je vais avoir besoin d'aide.

CHAPITRE 5

LISE.

★ ...
★ Je t'ai amené un peu d'eau.
➡ Merci.
➡ ...

Elle s'assoit. Me serre la main et commence à me parler.
Il me reste près d'une heure à tenir.
J'ai l'impression que tout s'effondre et je crains, ...

★ Tu as l'air un peu pâle, mais ça va.
★ Tu as les mains froides.
Elle me serre la main entre les siennes.
Elle sent que je vais m'effondrer.
★ Je pense que ta patiente va s'en sortir.
★ Je pense qu'elle a la chance d'avoir le meilleur psy qui soit, et je pense qu'elle le sait.
★ C'est pour ça qu'elle t'appelle.
★ Si tu penses à sa guérison, tu penseras à tes patients, à tous tes patients qui ont réussi à s'en sortir.
★ Tu as la plus longue liste d'anciens patients.
★ Tu as la plus longue liste d'attente.

★ …
★ Tu m'as moi.

Les douleurs au ventre semblent se calmer. Sa voix m'apaise, sa volonté me soulage.
Je sais pourtant que ce n'est qu'une pause et que je vais devoir retourner aux toilettes.
Je n'ai pas eu ce genre de crises depuis plus de 12 semaines, mais je sais aussi qu'elles sont normales.

Il arrive régulièrement que des répliques terrassent un ancien patient, des années après que sa rupture psychotique ait été avérée. Plus le patient est soumis à des doses élevées de stress et plus fréquentes seront ces répliques. Je le sais bien. Et pourtant j'oublie.

CHAPITRE 6

ÉVOLUTION.

J'ai toujours considéré que le coeur, le fond de l'être, était toujours le même, invariable, mais j'avoue que cette idée a vécu. Je pense que le coeur change, que le vécu use le coeur et que le temps fatigue la volonté de ceux qui ne veulent que l'humanité.

Je me le répète, j'essaie de me convaincre que mon travail va m'achever et que je devrais me faire pompier ou secouriste, peut-être un pompier-secouriste, peut-être jardinier du coeur ou encore plongeur de la psyché. J'essaie de me convaincre mais évidemment…, je n'arrive qu'à me distraire.

J'éteins le feu qui brûle le jour, je viens en secours à ceux qui plongent dans la nuit. C'est ma raison d'être. Je n'en connais pas d'autre et il se pourrait bien que renoncer soit ma fin, mon rêve. Il se pourrait bien que de temps en temps, je rêve à ma fin.

CHAPITRE 7

ASSOCIATION.

Je suis associé à beaucoup de choses et la mort en fait partie. La mort fait partie des choses associées à la pratique de la psychologie. Je pense à la mort tous les jours.

Il est bien sûr sain de penser à mourir.
Penser à la mort revient à penser à son bien-être, aux soins apportés à son corps, aux tendresses apportées à sa psyché et à l'idée que le temps est un ami. Peut-être le seul. Mon meilleur ami serait le temps.

Si je m'associe au temps, je suis sûr que la patience fera le travail de me guider vers les meilleurs soins, à mes patients, à moi-même. Il me semble évident que le soin que j'apporte à mes patients est mon propre soin. Je ne pense pas que je survivrais sans ma pratique; je ne pense pas survivre à l'inutilité, au vide.

CHAPITRE 8

AMOUR.

- ★ Le banc n'est pas si confortable, est-ce que tu veux que j'aille te chercher un coussin ?
- ➡ …
- ➡ Merci, tu es un amour.
- ➡ Non ça va aller.
- ➡ Tu veux que je t'expliques ?
- ★ Oui.
- ★ Mais ça peut attendre…
- ➡ Je pense que ça va un peu mieux.
- ➡ …
- ➡ Ce n'est pas lié à la patiente.
- ➡ Elle a accepté de rester en monitoring.
- ➡ C'est une sorte de rechute.
- ➡ Le stress, la fatigue et l'angoisse de faire défaut. Le besoin de me prouver encore et encore que je suis à la hauteur.
- ➡ Que je peux le faire.
- ➡ Que je suis suffisant.
- ➡ …
- ★ Je comprends.
- ★ Tu es suffisant.
- ★ Tu es même beaucoup plus que ça.

- Merci.
- …

Elle me tient la main. J'ai les larmes aux yeux, le coeur qui s'emballe. Je suis vraiment fatigué. Je redoute le trajet jusqu'à la maison.

- J'essaierai de ne plus me mettre dans cet état.
- …
- On se laisse emporter.
- On a besoin… de temps.
- On a besoin de sécurité.
- De se sentir chez soi.
- …
- Est-ce que tu peux me dire quand je me laisse emporter ?
- Juste me dire que je suis en train de m'épuiser.
- Et je ralentirai.

Je tremble. Elle appelle une infirmière.

CHAPITRE 9

LE BESOIN.

Je suis hospitalisé.
Anémié.
En détresse.

Un début de diabète.
J'ai besoin de soins.

Le médecin me parle.

« Vous avez un diabète d'épuisement. Votre pancréas ne produit plus assez d'insuline. Parfois ce diabète se résorbe, mais on doit partir de l'idée que c'est permanent. On va vous initier aux protocoles diabétiques, mais je pense que vous connaissez déjà ? »

➡ Je connais les signes cliniques.
➡ Même si je n'ai pas su les voir sur moi…

« C'est courant. »

➡ Oui.

➡ Je ne connais pas les protocoles.
➡ Pas en détail.
➡ Juste les grandes lignes.

« Il y a deux types d'insuline. L'insuline lente et l'insuline rapide. Complémentaires. On va vous faire un tableau qui vous guidera dans les doses à prendre en fonction de votre taux de sucre. C'est simple.
Honnêtement, on vit très bien avec un diabète bien géré. »

Il me sourit.
Il prend une chaise et nous discutons pendant une bonne dizaine de minutes. Mes questions sont plutôt une volonté de lui faire plaisir.
Lise est là.

Je m'en veux.

CHAPITRE 10

...

Je ne crois pas m'être senti autant en sécurité... que durant mon hospitalisation.
J'y ai passé une semaine. Une semaine de paix.

J'ai sympathisé avec mon voisin de lit, un homme dans sa soixantaine, un peu rustre, un peu débonnaire. Très apprécié des infirmières. J'ai passé une semaine dans une ambiance bon-enfant, entre blagues et sympathies, une semaine à parler avec un peu tout le monde. Je n'ai jamais ressenti autant de bonne volonté, jamais.

Pas pendant mon internat, pas pendant mes années de médecine psychiatrique, pas pendant ma pratique de psychothérapie. Pas pendant ma « transcendance ».
Je suis persuadé que c'est entièrement propre à la médecine interne. Et en grande partie le fait des infirmières et infirmiers.

J'ai quitté l'hôpital dans un jogging, mais sans vouloir courir, sans précipitation et je dois dire avec un pincement au coeur.
Lise ne me parle pas de mon séjour.

Je ne commettrai pas l'erreur de sous-estimer l'impact que cela a pu avoir sur elle. Elle est venue tous les jours. Avec des vêtements de rechange, mon chargeur, des casse-croûtes sans sucre, mes écouteurs, des livres…

Je crois que Lise m'aime plus que je n'arriverai jamais à mesurer. Je décide que je lui dois la vie.

CHAPITRE 11

AMÈNE.

Au nom de la santé, de l'amour et du sexe. Amène. Amène…

LIVRE 6

LE SENTIMENT.

CHAPITRE 1

DETTE.

Je ne sais pas pourquoi mais je me sens endetté envers la vie. Je pense que je dois quelque chose à la vie, que c'est important et que je dois tout faire pour éponger cette dette.
Je ne sais pas d'où vient ce sentiment.
J'ai essayé d'en retracer les origines…

J'accepte.
J'ai des vertiges. Les nerfs saturés.
Quelque chose est en train de changer.
Quelque chose d'important.

Ma période d'arrêt commence.
J'ai été instruit que l'arrêt devait durer au minimum six mois, mais j'ai du mal à accepter de laisser mes patients seuls.
Mon psy m'a prescrit un cocktail que je connais bien, un cocktail qui devrait me calmer.

Je refuse. En bloc.
Je refuse le cocktail, je refuse l'arrêt.

Je ne peux pas.

Je commence à réfléchir à une hygiène de vie, une santé qui me permette de durer.

CHAPITRE 2

STRUCTURE.

Jamais plus que deux patients par jour.
Je reprends avec un seul patient par jour.

Je réfléchis.
Je me dis que les heures de travail doivent être de jour, jamais de nuit. Je me dis que le temps consacré à mes patients doit toujours être de jour.
La nuit doit être strictement réservée au repos.
Éteindre le téléphone, ranger mes dossiers et accepter.
Accepter que la nuit est parfois difficile pour un patient et qu'il arrive que des patients perdent le goût. Que les heures passées au téléphone de nuit ont déjà ruiné ma santé et que je ne peux plus continuer.

Je vais informer tous mes patients.
Je vais leur expliquer que ma santé en dépend et que si le besoin se fait sentir, je suis disponible la journée. Il suffit de m'envoyer un message. Je rappelle.

CHAPITRE 3

RESPONSABILITÉ.

J'ai longtemps eu le sentiment que ma vie devait servir et je pense que ce sentiment est né inconsciemment, il y a déjà bien longtemps, comme une issue de secours.

Il arrive aux victimes de violences le moment où l'absurdité du vécu pèse sur leur volonté, dans un sentiment de renoncement, de dégoût. Lorsque ce sentiment prend le dessus, les nuits deviennent sans repos, très difficiles et chacun cherche une issue. Parfois de l'aide.

Inconsciemment, j'ai choisi d'être utile.
Inconsciemment le besoin de vivre quelque chose qui donne du sens m'a guidé vers un métier d'assistance, un métier qui soit exigeant, très exigeant et qui me permette de compenser cette sensation de vide absurde, que la violence a creusé en moi. J'ai choisi de donner… du sens.

J'ai voulu être présent, de jour et de nuit, mais l'histoire ne dure pas plus que le temps d'une santé déclinante et je refuse. Je refuse… de décliner.

Je veux recevoir.
Je veux apprendre à recevoir.
Je ne veux plus de souffrance.

CHAPITRE 4

JE VEUX…

Je veux recevoir.
Je veux apprendre à recevoir.
Je veux savoir lâcher prise.
Penser à moi, penser à ma vie, penser à mon confort.

Je veux…

Mon père m'a un jour traité d'égoïste.
J'étais venu déjeuner chez lui, bien longtemps après leur divorce, en me faisant violence. J'étais venu en me forçant à accepter ce déjeuner malgré tous les signaux et j'ai été payé en déni d'existence. Je ne me souviens pas du contexte, seulement de l'insulte, de la colère et de cette impression si destructrice que la réalité se rétractait devant cette absurdité.

J'y pense à cette insulte. Ce souvenir me revient comme une alarme, alors que ma santé est en jeu, et j'y pense.

CHAPITRE 5

NARCISSE.

L e déni d'existence de la part d'un parent... est grave.
Si un des parents refuse à son enfant de le reconnaitre, cet enfant disparait. Il ne pense plus à lui-même, il ne se considère plus.

Je pense que ce déni a été... le pendant de la violence..

Je ne me suffis pas. Mon existence ne suffit pas.
Il faut que je prouve, en permanence, que je suis utile.

LIVRE 7

LE COEUR.

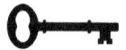

CHAPITRE 1

IL FAUT.

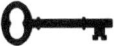

Il est impardonnable pour un parent de ne pas connaitre son enfant. Il est ignoble de vivre avec son enfant comme on vivrait une colocation, ou un voisinage indésirable.

Il faut parler, poser des questions, suivre leur vie et encourager le partage. Il faut écouter les enfants. Surtout leurs silences.

Lorsqu'un enfant se tait, il faut admettre qu'un mal a forcé son esprit à se rétracter, à dresser une barrière. Il faut comprendre qu'un mur est en construction.

Il faut la tendresse.
Soutenir, et encourager.

CHAPITRE 2

J'EXISTE.

Lise est allongée, assise, elle me parle. Elle tient une lettre dans sa main, elle me la prend des mains. Je l'embrasse, elle m'embrasse, elle me reproche la surprise.

Je suis en train de rêver.
Je me réveille brièvement, ivre d'amour. La sensation est tellement chaleureuse que je me rendors.

Lise.
Lise est dans mes rêves.

CHAPITRE 3

LA SURPRISE.

Je ne distingue par vraiment l'idée d'une femme de ce qu'elle est.

Je n'exige rien.
Je ne force rien.

Lise est ce qu'elle est.

Je n'ai pas d'idée sur ce que Lise serait, elle est exactement ce qu'elle veut être et rien d'autre.

CHAPITRE 4

UNE LETTRE.

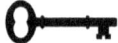

Il peut être surprenant de sentir la liberté comme une volonté de refuser les illusions de la vie d'un couple qui projetterait l'image du bonheur. Mais il est bien heureux d'accepter que le bonheur n'est pas une obligation.

CHAPITRE 5

LISE.

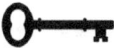

Nous sommes assis, couchés, nous nous embrassons. Je ne distingue pas vraiment la limite entre le désir et la passion.

Elle veut me me prendre dans sa bouche mais je lui demande de se retourner.

Je commence à la masser, assis à cheval sur le haut de ses cuisses. Le bas du dos, les lombaires, le long de sa colonne, doucement. J'insiste sur ses épaules et je remonte davantage, le long de ses cervicales.
Son cuir chevelu.
Je lui masse la tête, très doucement.

J'ai envie de lui raconter quelque chose qui lui ferait oublier que le bonheur n'est pas invité mais qu'il suffit de savoir que le plaisir est toujours bienvenu. Je ne trouve rien. Il est parfois difficile d'être heureux dans une existence où le besoin de refuser les illusions est quasi permanent.

CHAPITRE 6

LE TRAVAIL.

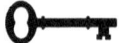

J e ne suis pas heureux. Si le bonheur est une béatitude qui s'habillerait d'illusions, je refuse le bonheur.

LIVRE 8

CLAIRVOYANCE.

CHAPITRE 1

LES HUMEURS.

L ise a besoin d'une amie proche.
Une amie qui pourrait se confier à elle et surtout une amie qui embrasserait son intimité... et qui la validerait.

Elle a besoin de valider son intimité. Elle a besoin du couvert de la validité offerte et surtout elle a besoin qu'une amie proche lui rappelle, par sa tendresse, qu'elle est valide.

Elle se sent handicapée.

CHAPITRE 2

...

J'essaie de comprendre sa volonté.
Quelques jours plus tôt, elle m'avait demandé les contacts de mon ex-compagne, sans m'expliquer quoi que ce soit.
Je n'ai pas insisté.

Je me dis qu'elle a besoin de quelqu'un qui a déjà été proche de moi. Qui me connaisse. Mais je n'arrive pas à faire sens au delà du besoin de validité.

Gabrielle a été inconsidérément malsaine avec moi. Elle m'a abandonné, fui mon handicap, mon enfance, ma détresse, au moment où les résurgences commençaient.
Je n'arrive toujours pas à imaginer pire moment que celui où elle m'avait affirmé, en colère, que j'étais fou. Impossible d'accepter qu'elle ait pu rejeter la faute de cette lâcheté sur moi, en m'accusant de son crime d'abandon.

Gabrielle avait fui ma détresse puis au comble de l'absurde, m'avait accusé… de la détresse qu'elle ressentait en me rejetant.

Je réfléchis…, j'essaie de dépasser l'écoeurement.
Je veux comprendre.

Je commence à m'inquiéter.

J'ai peur que Lise m'abandonne.

CHAPITRE 3

GABRIELLE.

Je raisonne. Je sais que le trauma est une peur qui se raisonne si j'admets que l'histoire ne se répète pas. Pas forcément.

La détresse d'une hospitalisation est difficile à supporter, celle de ma patiente a été la goutte d'eau. Je l'admets. J'admets que j'ai eu beaucoup de mal à la voir si démunie, si… désespérée, et peut-être que cette détresse-là m'a ramené à des souvenirs qui ont soulevé une panique. Une panique disproportionnée.

Bordel…
Je ne veux pas qu'elle me quitte.
L'idée même est en train de creuser en moi des sillons dont je ne veux pas, je ne veux pas de suspicions, pas de conclusions infondées, je ne veux pas me susurrer ces idées-là, à la con.

Je ne suis pas con.
Je raisonne.
…
Les larmes viennent, quand même.

CHAPITRE 4

AVEC TENDRESSE.

Je n'arrive pas à réfléchir.
Il faut que je parle à Lise.
Tout de suite.

Je quitte mon bureau sans rien ranger.
Je prends mon sac-à-dos, je mets mes baskets et j'éteins les lumières. Je file.
Je suis déjà dehors quand je me rends compte qu'elle est sûrement au boulot et que je me précipite pour rien.
Je l'appelle.

Le téléphone sonne trois fois avant qu'elle ne réponde.
Je respire.
Je respire profondément.

★ Hello, sourit-elle.
➡ Salut, lui répondis-je.
★ Je suis tellement heureuse de t'entendre...
➡ Moi aussi, je pensais à toi.
➡ J'avais envie de t'entendre, d'entendre ta voix.
Je soupire, peut-être de soulagement.

★ Tu as bien fait.
★ Tout va bien ?
➡ Oui tout va bien.
➡ …
➡ Ne te fâche pas s'il te plait. J'ai beaucoup réfléchi à ce que tu m'avais demandé, mais je n'arrive pas à comprendre pourquoi tu veux la contacter.
➡ …
➡ Tu peux m'expliquer ?
★ Attends.
★ Je m'éloigne un peu…
★ …
★ Oui, je suis désolée.
★ Je sais que votre histoire s'est mal terminée, mais j'avais envie de lui parler… pour vérifier un truc.
★ Je pense qu'elle a eu peur.
★ Je pense qu'elle a eu très très peur.
★ Et qu'elle n'a pas supporté.
★ Je pense qu'elle n'a pas supporté de voir l'homme de sa vie s'effondrer.
★ …
★ Je t'aime.
★ Je t'aime plus que ma vie.
Putain…
Elle entend. Je ne m'y attendais pas.
Je n'arrive pas à parler.

CHAPITRE 5

AVEC AMOUR.

Je lui réponds que je l'aime plus que tout, que je comprends sa démarche, et que je suis un peu bouleversé par des souvenirs d'une période difficile.

La conversation se prolonge.
- ★ Je suis désolée.
- ★ Je ne me rends pas compte…, je ne voulais pas de mal.
- ★ J'ai pensé que si tu as aimé Gabrielle…, je devrais la connaitre.
- ★ Lui parler de toi.
- ➡ …
- ★ Je n'arrive pas à accepter qu'elle t'ait quitté.
- ★ J'ai vécu des moments difficiles, j'ai vécu des moments très difficiles et je me dis parfois que si elle est partie, elle est partie faute d'avoir vécu.
- ★ Sans se rendre compte.
- ★ De ce qu'elle a fait.
- ★ …
- ★ Ça n'a pas de sens.
- ★ …
- ➡ Je comprends.

- ➡ …
- ➡ Tu as raison.
- ➡ Tu penses qu'elle a fui pour une raison que je n'ai pas vu et qu'il y a peut-être une explication à ce qui s'est passé.
- ★ Oui.
- ★ Je pense que tu étais dans une période où le recul était impossible.
- ★ Tu étais submergé.
- ➡ Oui, tu as raison.
- ★ Je ne sais pas si elle est partie faute d'avoir vécu…, ou si son histoire…
- ★ Je ne sais pas.
- ★ …
- ★ Je ne pense pas que tu aies pu aimer une femme aussi malsaine et cette idée m'obsède…
- ★ J'y pense tout le temps.

Je n'arrive pas à réaliser ce qu'elle me dit…
J'essaie d'articuler une pensée cohérente, rationnelle mais je n'arrive à rien. À part :
- ➡ Je t'aime.
- ➡ Il y a beaucoup de choses dans ta démarche et je la respecte infiniment.
- ➡ …
- ➡ Merci.
- ➡ Beaucoup.

CHAPITRE 6

GABRIELLE.

J'ai été le seul homme qu'elle a jamais eu et j'en viens doucement à me dire que si ma patiente m'a tant ému, il est probable qu'elle me rappelle ce que Gabrielle a représenté pour moi. Je pense que Lise a vu quelque chose dans mon trouble et que son intuition la guide, bien que je n'arrive pas à comprendre comment, bien que cette intuition me laisse sans voix et que Lise m'émerveille, au point que j'en perde la parole.

Gabrielle a été une femme seule, une femme si seule qu'elle en avait oublié la parole et qu'elle ne s'exprimait plus que par besoin. Sa vie était un désert. Sa vie était désertée par la tendresse et je crois que sa vie m'a tant touché que j'ai entrepris de la séduire par besoin. J'avais besoin qu'elle aille mieux. J'ai séduit Gabrielle parce que j'avais besoin que Gabrielle aille mieux et j'ai entrepris d'aimer Gabrielle comme j'aimerais un ordre dans l'existence. Elle devait aller mieux.

CHAPITRE 7

L'IDÉE.

Je ne sais pas avec certitude ce que Gabrielle a vécu, elle ne parlait jamais de son passé. Juste quelques anecdotes qu'elle me répétait souvent, jusqu'à la nausée, et si je prenais le temps de repenser à son histoire, je m'apercevrais sûrement que je ne sais rien. Je n'ai jamais pris le temps. Je ne sais pas pourquoi.

Ça ne me ressemble pas.
...

Peut-être que j'avais besoin... qu'elle soit bien. Qu'elle soit humaine, qu'elle soit une image du bien et que dans cet ordre dont j'avais tant besoin, je n'ai jamais pris le temps.

Je n'ai pas voulu savoir.
Je n'ai pas voulu prendre le temps.

Cette idée me fait mal et même si je ne suis plus cet homme, cette idée me fait vraiment mal. Je me dis que je suis coupable d'un crime et qu'il est possible que je me sois servi de Gabrielle comme d'un soin, qui n'aurait pas fonctionné.

Elle est partie faute de n'avoir pas pu servir.
Elle est partie en prenant sur elle mon effondrement et en rejetant cette responsabilité.

Peut-être qu'elle a eu raison. De me rejeter. De m'accuser. Peut-être.
…
…

Je ressasse. Encore.
J'en ai marre.
Je repense à cette rupture encore, et encore alors que je pensais avoir oublié. J'en ai marre. Vraiment marre. Je ne veux plus de cette merde, je ne veux plus de cette culpabilité, je ne veux plus culpabiliser d'avoir sorti cette femme de sa merde et de lui avoir donner une chance à la vie. À la vraie vie, pas à cet état dégueulasse…
Le premier rendez-vous a été une sorte d'hallucination. Elle était venue habillée comme pour le ménage, pour faire le ménage dans les chiottes de sa salle de bain, renfrognée et aussi loquace qu'une morte.

Je n'ai pas voulu savoir.
Je ne veux pas savoir.

…
Même si je sais.
J'ai toujours su.

CHAPITRE 8

ORDRE.

J'ai besoin de mettre de l'ordre dans mes idées.
C'est urgent.

Je ne me suis pas servi d'elle.
J'ai été pour elle un amour et j'ai tout fait pour la sortir de son histoire. Tout.
Elle, morte, s'est épanouie au fil du temps. J'étais devenu sa référence. En tout.

Elle s'est reposée sur moi, elle s'est reconstruite autour de moi et lorsque j'ai commencé à souffrir, lorsque les résurgences ont commencé à paraitre clairement comme une destruction, elle n'a pas supporté que sa référence s'effondre.
Elle est partie.
Lâchement.

Peu importe son histoire. Peu importe que j'ai été le seul homme qu'elle ait connu et peu importe... son histoire.
…

Peu importe.

J'ai eu besoin d'elle et il est vraisemblable de penser qu'elle n'a pas voulu inverser les rôles. Il fallait, selon elle, qu'elle pense à sa propre gueule, qu'elle se tire de là avant de devoir faire l'effort de donner quelque chose, au lieu de recevoir. Une… horreur.

Le réflexe de la culpabilité, ce vieux réflexe qui me tient encore et qui revient à chaque entournure, chaque fois que je sais, ou que je me rappelle, doit définitivement me quitter. Comme elle l'a fait.

Je ne veux plus jamais la revoir.
Jamais.

CHAPITRE 9

FAIRE SENS.

Ma patiente me rappelle Gabrielle, sans aucun doute, et sans m'en apercevoir, j'ai plongé tête baissée. Le même schéma, le même réflexe.

Et la même culpabilité.

Je dois cesser.
Je dois cesser de m'épuiser pour ceux qui n'ont eu de chance à la vie que dans la simulation. Pour ceux qui ravagés par leur histoire n'ont jamais su vivre qu'en simulant la santé.
Je dois cesser.

Je vois au travers de ce voile qu'ils projettent.
Je ne me trompe jamais.
Je les reconnais, je les reconnais sans aucun doute et à chaque fois, j'ai besoin…
D'aider.

J'ai besoin de penser qu'il est possible d'aider et de résoudre ce que l'histoire a détruit. J'ai besoin de penser que je peux résoudre ma vie et qu'il est possible de résoudre mon handicap.

Lise cherche la même chose.
Peut-être pense-t'elle que Gabrielle serait une alliée dans cette recherche, une autre femme, qui comprendrait, une confidente qui partagerait son intimité sans jamais retenir ses paroles. Et qui ne retiendrait pas ses paroles contre elle.
Peut-être pense-t'elle qu'en aidant Gabrielle, elle pourrait résoudre…

CHAPITRE 10

LE PIÈGE.

J'ai voulu voir en Gabrielle une femme humaine, sûrement en pensant que toutes les victimes ont en elles un vécu qui façonnerait la compréhension, mais il est bien clair que la compréhension relève d'une volonté de faire du sens.

J'ai besoin de faire du sens.

Gabrielle n'a jamais eu besoin.
Elle a voulu prendre une revanche sur l'existence et elle a saisi l'opportunité offerte, de nuire à la bonne volonté. Cette volonté qui a tant aidé, qui a été une référence.

Elle a voulu saisir l'opportunité de détruire l'image de l'homme qu'elle pouvait détruire, prendre une revanche là où elle pouvait et partir avec la satisfaction d'avoir avancer au delà de cette faiblesse qui avait détruit son enfance.

Elle m'a traité de fou, de pervers narcissique.

Elle est partie en se persuadant que j'allais lui nuire et qu'elle a fait le nécessaire pour se protéger. Qu'elle avait résolu sa vie. Son handicap.

CHAPITRE 11

JE NE VEUX PAS SAVOIR.

Je soupçonne que les illusions ont la vie courte et que Gabrielle a dû se confronter à une réalité, difficile.
Mais je ne veux pas savoir.
Je ne veux pas m'intéresser à ce qu'elle est devenue et je ne tiens pas à comprendre ce que ses illusions ont fait... de sa vie.

J'explique à Lise.
Je lui raconte.
Tout.

Nous buvons un vin que nous aimons, un cépage du Sud, un bon Merlot et je lui raconte tout. Sans rien omettre.
Je lui dis que je veux être son confident, son intime et qu'il n'y a rien que je ne puisse entendre.
Je lui dis que j'ai besoin d'elle.

LIVRE 9

LES PAROLES.

CHAPITRE 1

COULEURS.

Je n'arrive pas à passer une émotion dont je refuse les sentiments. Je n'arrive pas. Les couleurs défilent comme un pizzicato violent, rapide et je me retiens, je retiens les évidences.

Les images de Gabrielle me viennent dans une forme d'intuition que je refuse et je sais, sans doute, je sais où sa vie l'a menée. Elle est malade. Seule.
Je me dis que la culpabilité reprends le dessus, encore une fois et que je ne suis pas responsable. Je me le répète.

J'ai vu en elle les signes d'une pathologie, bien avant son départ, et je sais que cette pathologie ne pardonnera rien. Je le lui ai dit, son coeur, ne tiendra pas.

Elle va finir sa vie seule.
Impossible pour elle de trouver une issue. Les formes de déni qu'elle porte en elle sont par trop visibles, pour qu'un homme puisse accepter de se risquer dans un mensonge.

CHAPITRE 2

TENDRESSE.

J'envisage de lui parler mais je reconnais que j'ai déjà essayé, plusieurs fois, vainement.
J'ai voulu lui offrir une amitié.

Elle me brise le coeur.
Chaque fois que je repense… à la bêtise, à ses idioties et à son masque.

Je me répète que je ne suis responsable en rien et que si j'avais fait plus que l'accepter et la porter, j'aurais vécu pour elle, à sa place. Je contemple un moment, encore un, le vide de sa vanité, le besoin pathologique qu'elle avait de satisfaire à une image que j'acceptais, que j'encourageais.
Je voulais qu'elle aille bien, mieux, je voulais croire que la bêtise pouvait trouver un sens et que le soutien devait être suffisant.

J'ai couché avec la bêtise par conviction, comme une conviction qui se chercherait une preuve.

CHAPITRE 3

CALME.

Il a été vain de vouloir faire d'une conviction fausse une vérité et je reconnais que j'ai insisté longtemps ; mais je reconnais aussi que j'ai insisté jusqu'à ce que la conviction soit définitive.

Je ne peux rien faire de plus.
Je ne ferai rien de plus.

LIVRE 10

LES PATIENTS.

CHAPITRE 1

JE ME PRÉSENTE.

« Je m'appelle Adam. Je vis de mon travail, ce qui veut dire que mon travail est ma vie. Jamais marié, jamais eu d'enfant. J'ai beaucoup vécu, d'abord en tant que médecin, puis en tant qu'enseignant. J'ai pratiqué pendant 15 ans avant de tout arrêter et de partir à rebours vers une idée que je cultive. J'ai appliqué la médecine longtemps avant de me rendre compte que la psychothérapie n'est pas tant une affaire de médecine que de vie.
J'ai vécu… tout ce que j'ai pu, avant de reprendre le fil que j'avais suspendu. »

« Ma pratique a beaucoup changé…, mais je vous dirai comment, si vous me parlez de ce qui vous amène. »

CHAPITRE 2

MICHAEL.

- Je m'appelle Michael.
- Marié.
- Nous avons eu trois enfants, deux filles et un gars.
- Un solide gaillard.
- Deux belles jeunes filles.
- Ma femme est en train de s'éloigner de moi, les enfants ont tous l'âge de… de comprendre.

Les larmes lui viennent, avec une certaine brutalité.

- …
- …

« La perspective d'un divorce est très difficile à accepter.
Votre émotion est belle.
Elle est bien. »

- Merci.
- …
- Je vais me ressaisir.
- …

« Prenez votre temps.

J'ai tout mon temps. »

- Il me semble que ma vie est en train de se disloquer. Je ne contrôle plus rien. Je n'ai plus goût à rien et même si je ne veux pas l'admettre, je pense que je suis en train de faire une dépression.
- ...
- J'aime ma femme.
- L'idée qu'elle me quitte est en train de me briser.

« Pourquoi pensez-vous qu'elle veut vous quitter ? »

- ...
- Elle ne me parle plus.
- Les seuls moments où elle m'adresse la parole sont pour me contredire, ou pour me rabaisser.
- Comme si les 23 ans de mariage ne signifiaient plus rien, comme si tout ce temps passé ensemble n'avait plus aucune réalité…, plus aucune importance.
- Ça me tue.
- C'est complètement absurde.

- ...
- Je n'arrête pas de ressasser.
- Je cherche une explication, je me dis que j'ai déçu, que je n'ai pas été suffisant mais je ne vois pas en quoi…
- Mon amour n'a pas changé.
- ...
- Je suis le même.

Il me regarde avec une certaine détresse, mais aussi avec de l'espoir. Il réalise que parler lui fait du bien.

« La dépression se traite et se soigne.
Ce n'est pas une fatalité. Votre esprit a besoin de se reposer, d'envisager que la vie appelle parfois des changements et qu'il est bon d'accepter… que vous ne pouvez pas prendre sur vous tous ces changements.
Vous n'êtes pas responsable de ce que votre femme décide et si votre femme décide qu'elle est appelée à changer de vie, vous n'êtes pas responsable de sa décision. »

« Vous pouvez parler, dire votre sentiment, laisser vos émotions parler pour vous et faire ce que vous pouvez. »

« Vous pouvez demander des explications. »

« Vous pouvez demander des solutions, proposer des solutions, mais vous ne pouvez pas être autre que vous-même. Vous êtes suffisant. Il est suffisant d'être soi. »

- Honnêtement, la culpabilité me tient éveillé.
- Je ne dors pas bien.
- …
- Il m'arrive de somnoler et de rêver de trahison. Je suis le traitre, le sale traitre, le lâche qui a abandonné les efforts et qui ne fait plus rien. Celui qui abandonne.
- Je sais que cette culpabilité est fausse, je n'ai jamais cessé de lutter pour ma famille, mais je n'en peux plus.
- …
- Je n'en peux plus.
- Je suis épuisé.
- Elle le sait.
- …

- J'ai l'impression qu'elle en profite pour préparer son départ, qu'elle fait ses petits calculs… pour partir.
- Cette idée me tient réveillé.

- Je n'arrive pas à accepter que la femme que j'ai aimé pendant plus de 20 ans puisse être… ce monstre.
- Cette horreur.
- J'ai parfois l'impression qu'elle va m'égorger, la nuit, pendant que je dors. Ou me planter un couteau dans le ventre.
- …
- Je n'arrive pas à comprendre comment…
- C'est impossible à accepter.

Il me sourit.

« J'ai fait l'expérience d'une rupture qui m'a complètement ravagé. Une rupture absurde où j'ai eu sur moi le poids de toute la haine de mon ex-compagne. J'étais fatigué, épuisé, presque malade. Elle est partie en m'accusant de tout. Avec une telle haine que j'ai pensé… être en rupture avec moi-même. »

Je lui souris.

« Je n'étais pas responsable et je dois vous dire que, encore aujourd'hui, plus de 12 ans après…, que je me prends encore à culpabiliser. À me dire que je lui aurais imposer trop, que je lui aurais imposer quelque chose qui aurai été au-dessus de ces forces et qu'elle m'aurait fui, comme on fuirait une prison. »

« J'ai cherché des explications. »

« Mais je me dis que s'il n'y en a jamais eu, si elle n'a jamais voulu m'en donner, c'est que ses raisons étaient mauvaises, probablement malsaines et qu'en parler aurait amené mon ex-compagne à m'avouer son mal. »

« Elle avait agi en me signifiant que si elle ne me parlait plus, c'était ma faute. Ma faute si la communication avait été brisée, ma faute… si le couple se disloquait. Elle est partie sans rien expliquer, et je dois dire que sa stratégie a bien fonctionné.
Elle m'avait brisé.
Dans le déni complet de tout ce que j'avais fait pour elle. »

« L'impensable déni, ce déni si absurde, la portée d'une telle haine, tout ça a pesé sur moi au point où j'ai perdu les repères de ma propre identité. Même si je n'étais en rien responsable de sa lâcheté, ni de son mal. Encore moins de sa haine. »

Un bref silence prend ses aises et installe une douceur.
Il me parle, de nouveau, mais avec plus de calme. Il me remercie et me demande si la solution a été le temps.
Je lui réponds que oui, que le temps aide beaucoup mais qu'une bonne partie de la solution serait de se rappeler la réalité, de comprendre que la culpabilité reviendra sans doute, et qu'il faudra se rappeler. De ce qui s'est réellement passé.

Il faut écrire.

CHAPITRE 3

LE CERVEAU.

« J'ai longtemps cherché une explication physiologique au changement. Une explication biologique qui viendrait étayer l'observation du changement identitaire chez des sujets dont l'apparente psychologie subit un tournant si radical que la raison s'en trouve paralysée. »

« Le cerveau se compose de plusieurs parts. Chaque part est interconnectée avec les autres et il est bien illusoire de considérer que chaque part du cerveau agisse en exclusivité pour des fonctions spécifiques. Le cerveau est un tout. Mais il est quand même possible d'identifier des zones dont l'action est prépondérante pour certaines fonctions cognitives. »

« Le lobe temporal joue un rôle multiple. Il est central dans de nombreux processus cognitifs et profondément impliqué dans le vécu émotionnel. L'impression de 'déjà-vu' en particulier vient du lobe temporal médian, d'une zone appelée le cortex entorhinal, une sensation importante dans la mesure où elle traduit explicitement la distinction entre l'inconnu et le familier. »

« La dégénérescence neuronale est progressive, s'étale sur des années et modifie le comportement des sujets. Parfois de manière drastique. Cette dégénérescence est le fait de la consommation de viande. »

« La viande est un poison. »

« La dégénérescence touche toutes les parties du cerveau, mais il est bon de se concentrer sur un des aspects du couple qui je pense est à la base de la culture. L'amour. Si vital. L'amour est basé sur la reconnaissance de l'autre, sur cette sensation de déjà-vu familière, précieuse, chaleureuse, sur notre aptitude à distinguer ce qui est familier, de ce qui est étranger, inconnu. La dégénérescence du lobe temporal… est à l'origine de ces changements si radicaux où un sujet peut renier tout un pan de sa vie, faute de pouvoir reconnaitre… sa famille. »

« Cette dégénérescence temporale est aussi impliquée dans les troubles alimentaires, dans des perturbations affectives. Ainsi que dans des troubles paniques.
Le lobe temporal est aussi impliqué dans de nombreux troubles sexuels. »

CHAPITRE 4

RAISON.

La psychologie trouve dans la physiologie des explications fondamentales et je dois dire que les dégénérescences sont malheureusement irrévocables. Il n'y a pas de retour possible. Mais il est possible d'entrainer son cerveau à changer les chemins de la pensée, à chercher de nouvelles voies neuronales et à améliorer parfois très sensiblement, parfois à guérir, un trouble.

Le cerveau a une puissance de traitement phénoménale.

Il faut arrêter la source de la dégénérescence.
La viande.

Et prendre le temps.

CHAPITRE 5

AXELLE.

- ❖ Je suis mariée.
- ❖ Je n'ai jamais voulu d'enfants.
- ❖ Mon mari a accepté.
- ❖ …
- ❖ J'ai des pulsions, qui me dévorent.
- ❖ J'ai envie de sexe tout le temps, tout le temps, au point que je n'arrive plus à gérer ma vie.
- ❖ …
- ❖ Je ne comprends rien.
- ❖ …

« Ces pulsions datent de quand ? »

- ❖ Je ne me souviens pas réellement mais ça a commencé doucement.
- ❖ Par des envies un peu bizarres.
- ❖ Des envies que je n'avais pas avant.
- ❖ …
- ❖ Des envies sales.

« Des envies qui impliqueraient de l'urine par exemple ? »

- ❖ Oui.
- ❖ ...
- ❖ Mais ça a empiré.
- ❖ ...

« Je comprends. »
« ... »
« Quand ces envies ont-elles commencé ? »

- ❖ Je dirais il y a 5 ans.

...
Je lui explique.
La dégénérescence.
Les recours possibles.

Le temps.

CHAPITRE 6

MOTIVATION.

Une patiente m'a contacté par téléphone quelques jours plus tôt pour un conseil. Elle s'est excusée plus de cinq fois durant la conversation.

✦ Je sais que vous avez bien trop de travail, je suis désolée de vous prendre du temps.

« Il n'y a aucun problème. »

✦ Je vous avais parlé de ma mère et de ses problèmes…

« Oui, vous m'aviez parlé de sa démence et de ses crises. »

✦ Oui.
✦ Ça a empiré.
✦ …
✦ Je suis désolée…
✦ Je sais que j'aurais dû attendre notre prochain rendez-vous, mais…

« Vous aviez besoin de parler. »

- Oui.
- Si ça ne vous fait rien, j'aimerais discuter de solutions.
- …
- Il faut que j'ai des idées de comment en sortir.
- Je n'en peux plus.
- Je ne la supporte plus.
- …
- Je suis au bord de la rupture.

« Je comprends. »

- …

« Il n'y a jamais que deux solutions.
La première est de veiller sur elle et faire attention qu'elle prenne les médicaments prescrits. Sans faute.
Cela demande une attention de tous les instants et présente des risques considérables. Une aide à domicile est indispensable et je dois dire que quoi que vous fassiez, ce choix finira par s'épuiser, et par vous mener au deuxième. »

« L'internement est la solution qui culpabilise, mais qui garantit qu'elle sera prise en charge par des professionnels. Dans une maison spécialisée. »

- Il n'y a aucune chance qu'elle se rétablisse ?

« Non. La dégénérescence est sans retour possible. »

CHAPITRE 7

JE PEUX.

Quelque soit les cas qui se présentent, je peux dire que la dégénérescence du cerveau rend bête.

Tragiquement.

Si je parle du milieu professionnel, je pourrais affirmer que les nombreux patients qui me consultent pour des… situations absurdes ne sont pas des victimes de leur propre humanité, mais des victimes de la bêtise.
Il faut être sinistrement bête pour écarter la compétence.
Il arrive trop souvent qu'un cadre dégénère, et que la menace d'un renvoi l'amène à écarter des compétences, au grand détriment de l'entreprise. Il arrive bien souvent qu'un employé devienne bête au fil des années et qu'une ancienneté de 15 ans, soit écartée.

Il arrive bien souvent que dans une amitié précieuse, parfois fondamentale, les amis se séparent. L'un ne reconnaissant plus l'autre.

Je réfléchis beaucoup.

Je pense à la santé comme je penserais au salut de ma vie et il est bien évident que ma vie dépend de celle de ma société.

J'ai un aperçu quotidien des maux que ma vie, ma société endure et je peux dire, sans doute, que les cas deviennent plus fréquents, que les pathologies s'alourdissent et surviennent plus tôt. Les patients sont de plus en plus jeunes.

Bêtement.

LIVRE 11

CONSTELLATIONS.

CHAPITRE 1

J'ESSAIE…

J'aimerais repenser à Gabrielle avec le sentiment que ce n'est pas faute et que quelque part elle serait victime d'une bêtise, qui ne serait pas la sienne. Mais je n'y parviens pas.

J'aimerais pardonner.
J'aimerais penser que si les circonstances avaient été différentes, elle aurait sûrement agi différemment. Que je n'aurais jamais eu à voir ce visage hideux, haineux et que son histoire aurait pu trouver une issue. Un dénouement.

Dénouer les trames des circonstances, envisager des temporalités qui n'existeront jamais ne sert qu'à perdre son temps.

Je sais sans doute que la bêtise est synonyme de méchanceté, de malfaisance, et qu'il est bien évident que ceux qui sont bêtes n'ont plus la capacité de comprendre autre chose que la facilité.

CHAPITRE 2

J'AIME.

Le réflexe d'une intelligence est d'abord de comprendre.
Pas d'insulter.
Un être intelligent n'insulte que très rarement.

Je ne peux pas aimer ceux qui insultent.
Je comprends la pathologie, je connais les racines du mal et même si cette compréhension est circonstanciée, je n'arrive pas à aimer ceux qui insultent.

Rabaisser est une insulte.
Moquer est une insulte.
Agresser.
Mentir.
Tromper.
Frapper.

L'insulte a toujours pour but de détruire l'intelligence, de la dévaloriser et de lui signifier qu'elle ne vaut rien, aux yeux des êtres qui ne comprennent rien. Lorsque l'intelligence réalise que l'insulte n'est qu'une dégénérescence, d'un être handicapé, lorsque l'intelligence comprend que les insultes ne sont rien, elle peut s'apaiser. Et commencer le vrai travail.

CHAPITRE 3

CULTURE.

Je pense que l'idée originelle, cette pomme, ce fruit de la connaissance, est bien sûr la construction d'une culture.

CHAPITRE 4

LE BIEN.

L e vrai travail commence lorsque le diagnostic a été posé.